* 지명은 나라 이름과 도시 이름 순으로 표기했습니다.
* 외래어 표기와 띄어쓰기는 국립국어원 외래어표기법과 네이버 두산백과를 기준으로 삼았습니다.

글 레이첼 윌리엄스

영국 런던에 살고 있습니다. 작가이자 출판사에서 어린이책을 만드는 편집자입니다.
쓴 책으로는《일루미네이처, 자연을 비춰 봐요》등이 있습니다.

그림 루시 레더랜드

영국 런던에 살고 있습니다. 맨체스터 스쿨 오브 아트에서 일러스트레이션과 애니메이션을 공부했습니다.

옮김 김현희

한국외국어대학교를 졸업하고 출판사에서 일했습니다. 지금은 영어와 프랑스어 책을 우리말로 옮기는 일을 하고 있습니다.
옮긴 책으로는《지도와 그림으로 보는 참 쉬운 세계사》,《세계 도시의 모든 것》등이 있습니다.

세계가 궁금한 어린 여행자에게
모험 아틀라스

초판 1쇄 발행 2020년 8월 25일
초판 2쇄 발행 2021년 6월 10일
글 레이첼 윌리엄스 | **그림** 루시 레더랜드 | **옮김** 김현희
발행인 금교돈 | **편집장** 문주선 | **디자인** 배혜진 | **마케팅** 이종응, 김민정
발행 이마주 | **주소** 서울시 중구 세종대로 21길 30
등록 2014년 5월 12일 제301-2014-073호
내용 문의 02-724-7855 | **구입 문의** 02-724-7851
블로그 http://blog.naver.com/imazu7850 | **이메일** imazu7850@naver.com
제조국명 대한민국 | **사용연령** 8세 이상 | **주의사항** 날카로운 책장이나 모서리에 주의하세요
ISBN 979-11-89044-28-2 73980

Atlas of Adventures © Wide Eyed Editions 2014
Text © Rachel Williams 2014
Illlustration © Lucy Letherland 2014
First published in UK in 2014 by Wide Eyed Edition, an imprint of The Quarto Group,
The Old Brewery, 6 Blundell Street London, N7 9BH
www.quartoknows.com
All right reserved
Korean Translation © IMAZU 2020
Korean Translation arranged with The Quarto Group through Orange Agency.

이 책의 한국어판 저작권은 오렌지 에이전시를 통해 저작권자와 독점 계약한 이마주에 있습니다.
저작권법에 의해 한국 내에서 보호를 받는 저작물이므로 무단 전재와 복제를 금합니다.
잘못된 책은 구입하신 곳에서 바꾸어 드립니다.

세계가 궁금한 어린 여행자에게

모험 아틀라스

글 레이첼 윌리엄스 | 그림 루시 레더랜드 | 옮김 김한희

이마주

| 차례 |

핀란드 사리셀카 · 6
무지갯빛 오로라 아래에서 잠들어요

영국 런던 · 8
런던아이에서 도시를 한눈에 담아요

영국 더 눈 · 10
백파이프 연주에 맞춰 춤을 춰요

러시아 모스크바 · 20
지하철에서 걸작을 감상해요

미국 탈키트나 · 24
개썰매를 타고 신나게 달려요

캐나다 생장쉬르리슐리외 · 26
열기구를 타고 하늘을 날아요

브라질 리우데자네이루 · 38
흥겨운 삼바 리듬에 몸을 맡겨요

페루 탐보파타 · 40
출렁다리에서 아마존을 느껴요

아르헨티나 엘칼라파테 · 42
가우초와 함께 말달려요

인도 마투라 · 52
한데 어울려 무지개를 만들어요

대한민국 강릉 · 54
하늘 높이 그네를 뛰어요

이스라엘 네베조하르 · 56
소금 호수에 누워 독서를 즐겨요

오스트레일리아 케언즈 · 70
아름다운 산호바다를 탐험해요

뉴질랜드 와이탕이 · 72
마오리족과 하카를 추어요

미국 마우이섬 · 74
넘실대는 파도에 몸을 맡겨요

프랑스 파리 · 12
도시를 빛내는 보물들과 만나요

에스파냐 헤레스데라프론테라 · 14
말들과 플라멩코를 춰요

이탈리아 베네치아 · 16
곤돌라 뱃사공과 함께 노래 불러요

독일 프라이부르크 · 18
자연이 만든 스키장을 누벼요

미국 뉴욕 · 28
도심 속 자연을 느껴요

미국 페이지 · 30
급류 타고 야생 동물과 만나요

미국 뉴올리언스 · 32
증기선 위에서 댄스파티를 즐겨요

멕시코 모렐리아 · 34
제왕나비와 함께 날아올라요

아시아

일본 나가노 · 46
원숭이들과 온천욕을 즐겨요

중국 홍콩 · 48
등불을 밝히며 소원을 빌어요

타이 치앙마이 · 50
야생 코끼리를 돌보아요

이집트 기자 · 60
피라미드의 비밀을 파헤쳐요

모로코 마라케시 · 62
낙타를 타고 사막을 건너요

세네갈 다카르 · 64
해변에서 축구 경기를 해요

보츠와나 마운 · 66
모코로를 타고 야생 동물들과 만나요

남극 대륙

스노힐섬 · 78
황제펭귄과 인사를 나눠요

여러분은 전 세계 어디든 갈 수 있고, 무엇이든 할 수 있어요. 오늘 여러분이 가고 싶은 곳은 어디인가요?

오로라는 8월 말부터 이듬해 4월 사이에 가장 잘 보여요.

오로라의 빛깔을 만들어 내는 것은 기체예요. 산소는 녹색과 노란색 빛을, 질소는 빨간색, 파란색 또는 보라색을 띠어요.

핀란드에서는 큰곰을 쉽게 볼 수 있어요.

타마스칸 독은 썰매를 끌도록 훈련 받은 개예요.

붉은여우는 얼굴과 다리에 수염이 나 있어요. 이 수염은 하얀 눈밭에서 길을 찾는 데 도움이 돼요.

핀란드 사리셀카
무지갯빛 오로라 아래서 잠들어요

오로라는 대기권 안의 기체와 태양풍이 서로 부딪쳤을 때 일어나는 자연 현상이에요. 오로라가 펼쳐진 밤하늘은 녹색과 보라색, 분홍색, 파란색 커튼이 신비롭게 드리워진 듯하지요. 산타클로스의 나라 핀란드로 오로라를 보러 떠나 볼까요?

핀란드 사리셀카에는 천장이 투명한 유리로 된 이글루 호텔이 있어요. 이곳에서는 오색으로 물든 밤하늘을 보면서 스르르 잠들 수 있지요. 이튿날 아침 눈을 뜰 때는 온통 새하얀 눈 세상을 볼 수도 있고요. 한낮에는 순록이 끄는 썰매도 타고 숲길을 따라 크로스컨트리 스키를 즐겨요.

겨울철 핀란드는 햇볕이 내리쬐는 시간이 몹시 짧아요. 특히 12월에는 태양이 지평선 위로 떠오르는 날이 거의 없어요.

버킹엄 궁전은 영국 왕실 사람들이 사는 곳으로, 궁전에는 방이 775개나 있어요.

비둘기는 런던에서 자주 볼 수 있어요.

그린 파크에는 일광욕을 즐기는 런던 시민들이 많아요.

세인트 제임스 파크는 런던에서 가장 오래된 왕립 공원이에요.

더 몰 거리에서는 매일 오전 위병 교대식 후 퍼레이드가 열려요.

런던을 대표하는 택시, '블랙 캡'의 운전사가 되려면 2만 5,000개의 거리, 320개 노선에 관한 시험을 통과해야 해요.

다우닝가 10번지에는 영국 총리 관저가 있어요.

템스강을 따라 이어진 '템스 패스'는 유럽에서 가장 긴 강변 산책로로, 그 길이가 294킬로미터나 돼요.

영국 런던
런던아이에서 도시를 한눈에 담아요

영국의 수도이자 세계 최대의 도시 중 하나인 런던. 런던 거리를 걸으면 300여 가지 이상의 언어를 들을 수 있다고 해요. 그만큼 세계인이 사랑하는 여행지이지요.

아름다운 거리와 유서 깊은 건축물, 넓고 탁 트인 공원 등 런던 도심을 한눈에 볼 수 있는 곳이 있어요. 바로 유럽에서 가장 높은 대관람차 '런던아이'예요! 천천히 돌아가는 대관람차 안에서 망원경으로 도시 전체를 바라보며, 런던이 품은 귀한 보물들을 찾아보세요.

통나무 던지기는 커다란 통나무를 가장 멀리 던지는 사람이 이겨요.

한 선수가 경기를 마칠 때마다 통나무를 물에 적셔서 무게가 가벼워지는 것을 막아요.

백파이프 연주자들은 스코틀랜드의 전통 의상을 입어요. 남성용 치마 '킬트'를 입고, 끈 묶는 신발 '길리'를 신어요. 주머니 '스포란'을 허리에 차고, 양말 속에 '스키언두'라는 칼을 끼워 넣지요.

스코틀랜드 사람들은 전쟁에 나갈 때 사기를 북돋우고 적을 위협하기 위해 백파이프를 가져갔어요.

영국 더눈
백파이프 연주에 맞춰 춤을 춰요

모두들 킬트를 입었나요? 백파이프를 챙기는 것도 잊으면 안 돼요. 하일랜드 게임 축제에 나갈 시간이니까요! 하일랜드 게임은 11세기에 스코틀랜드 왕 맬컴 3세가 훌륭한 사신을 뽑기 위해 열었던 힘겨루기 대회에서 시작되었어요. 스코틀랜드 곳곳에서 하일랜드 게임과 함께하는 축제가 열리지요. 그중에서도 가장 규모가 큰 것은 매년 8월 마지막 주말, 더눈에서 열리는 '코월 하일랜드 축제'예요.

우렁찬 백파이프 연주와 함께 전통 민요가 울려 퍼지면 축제가 시작돼요. 통나무 던지기, 돌 던지기, 스코틀랜드식 해머 던지기 등 다양한 경기가 열리지요. 하기스 던지기 시합에서는 음식이 날아다니는 신기한 광경을 보게 될 거예요.

줄다리기도 인기 있는 경기 가운데 하나예요.

프랑스 국기인 '삼색기'는 자유, 평등, 박애를 상징하는 파란색, 흰색, 빨간색의 세로 띠로 이루어져 있어요.

파리는 '빛의 도시'로 불리기도 해요. 한때 전 세계의 수많은 예술가들이 모여 아름다운 문화로 도시를 밝혔기 때문이에요.

프랑스 파리

도시를 빛내는 보물들과 만나요

빛의 도시 파리를 빛나게 하는 건 아름다운 예술 작품들이에요. 특히 세계 3대 박물관 중 하나인 루브르 박물관에는 고대 이집트의 유물부터 그리스 로마 시대의 조각상, 세계적인 회화 작품 등 3만 5,000점이 넘는 보물들이 전시되어 있어요. 한 작품을 30초씩만 감상한다고 해도 모두 둘러보는 데 꼬박 100일은 걸릴 거예요.

이곳을 빛나게 하는 것이 또 하나 있어요. 바로 유리 피라미드예요. 세 개의 피라미드 가운데 제일 큰 것이 박물관의 입구랍니다. 피라미드를 통해 세계의 보물들과 만나 볼까요?

작은 접시에 담긴 한입 음식 '타파스'는 퍼레이드를 구경하며 먹기에 딱이지요.

말들은 축제의 주제에 따라 멋지게 몸단장을 해요.

'파에야'는 쌀과 채소, 고기 또는 해산물을 볶아서 만든 에스파냐의 전통 음식이에요.

에스파냐 헤레스데라프론테라

말들과 플라멩코를 춰요

"올레!" 플라멩코 무용수들이 기타 연주자를 향해 소리 높여 외치면, 에스파냐 최대의 말 축제인 '페리아 델 카바요'가 시작돼요. 음악이 있으니 흥겨운 춤이 빠질 수 없겠죠? 춤을 추는 것은 사람들만이 아니에요. 멋지게 치장한 말들도 춤추듯 행진하며 화려한 거리 퍼레이드를 이끈답니다. 매년 5월에 일주일 동안 열리는 이 축제는 중세 시대부터 이어져 왔어요.

거리에 세워진 알록달록한 천막에서 에스파냐의 전통 음식으로 배를 한껏 채웠다면, 이제 플라멩코 무용수와 멋진 말들과 함께 춤을 춰 봐요!

해마다 베네치아를 찾는 관광객의 수는 1,500만 명을 훌쩍 넘어요.

물의 도시 베네치아는 해마다 1~2밀리미터씩 천천히 바닷속으로 가라앉고 있어요.

1591년에 지어진 리알토 다리는 대운하를 가로지르는 네 개의 다리 중 하나예요.

귀족들은 곤돌라를 화려하게 꾸미기 위해 서로 경쟁했어요. 그래서 1562년, 정부는 모든 곤돌라를 검은색으로 칠하라는 법을 만들었지요.

베네치아는 대운하 '카날라초'를 중심으로 둘로 나뉘어요.

이탈리아 베네치아

곤돌라 뱃사공과 함께 노래 불러요

물의 도시 베네치아를 둘러보려면 곤돌라를 타는 것이 제일 좋아요. 베네치아의 운하는 수심이 얕고 바닥에 개흙이 깔려 있는데, 곤돌라는 이런 조건에 맞는 완벽한 이동 수단이에요. 중세부터 수백 년이 지난 오늘날까지 곤돌라는 옛 모습을 고스란히 간직한 채 운행되고 있어요.

곤돌라에 몸을 싣고 뱃사공의 노래에 귀기울여 보세요. 웅장한 산마르코 대성당과 아름다운 두칼레 궁전, 화려한 리알토 다리가 더 멋지게 느껴질 거예요.

흑림마는 숲에서 필요한 노동력을 제공하는 일꾼 말이에요.

스키는 역사가 매우 깊은 스포츠예요. 노르웨이에서 스키를 타는 사람을 그린 약 6,000년 전의 그림이 발견되었어요.

슈바르츠발트에는 스키와 관련된 기록이 많아요. 세계 최초의 스키 챔피언십이 열렸고 리프트가 설치되었으며, 스키 학교가 문을 열었어요.

독일 프라이부르크

자연이 만든 스키장을 누벼요

슈바르츠발트는 독일 남서부의 숲과 산악 지역을 가리키는 말이에요. 우리말로 '검은 숲'이라는 뜻이지요. '블랙 포레스트'라는 영어 이름으로 더 잘 알려져 있어요. 이곳은 나무가 빽빽하게 들어차 있어서 멀리서 보면 검은색을 띤대요. 그래서 그런 이름이 붙었어요. 체리로 장식한 블랙 포레스트 케이크, 귀여운 뻐꾸기시계 등은 이 지역을 대표하는 상징물이지요.

슈바르츠발트에 위치한 펠트베르크산은 독일에서 가장 사랑받는 스키장이에요. 새하얀 눈으로 뒤덮인 슬로프를 스키를 타고 씽씽 내려가 보세요. 코끝이 빨개져도 바람을 맞는 기분은 최고예요! 추위에 꽁꽁 언 몸은 달콤한 블랙 포레스트 케이크 한 조각과 따끈한 체리차 한 잔이면 금세 녹는답니다.

시민들이 서류에서 눈을 떼고
주변을 둘러보게 하자는 취지로
수채화 열차가 시작됐어요.
2007년 6월 1일, 러시아의 어린이날에
첫 운행을 시작했어요.

모스크바 지하철 1호선 소콜니체스카야 선을 타면
수채화 열차를 만날 수 있어요.

소콜니체스카야 선에는 '책 읽는 열차',
'시가 있는 열차', '복고 열차' 등
특별한 열차가 세 가지나 더 있어요.

겨울철 모스크바 시민들은 지하철 안에서도
두꺼운 코트와 모자를 절대 벗지 않아요.
바깥 온도가 영하 10도에 다다를 만큼 춥거든요.

모스크바 지하철역은 모두 194개예요. 지하철을 이용하는 사람들은 하루 900만 명이 넘어요.

승강장에서는 음악가들의 공연이 펼쳐지기도 해요.

아르누보 양식의 화려한 벤치와 조명은 프랑스 파리의 지하철에서 영감을 얻어 디자인한 거예요.

모스크바 지하철에는 자신이 원하는 목적지에 가기 위해 지하철을 타는 영리한 개들을 종종 볼 수 있답니다.

러시아 모스크바

지하철에서 걸작을 감상해요

전 세계의 지하철역은 모두 지저분하고 어두침침할까요? 적어도 러시아 모스크바의 지하철역은 그렇지 않아요. 오색의 모자이크와 대리석 벽, 프레스코화가 그려진 천장, 반짝이는 샹들리에, 황금빛 장식물로 꾸며진 역이 많지요. 화려하고 웅장하게 지어진 모스크바의 지하철역 44곳은 후대에 남길 만한 건축 문화유산으로 여겨져요.

오늘 운이 좋네요. 지금 '수채화 열차'가 역 안으로 들어오고 있어요! 울긋불긋한 꽃이 그려진 이 열차는 마치 바퀴가 달린 한 폭의 그림 같아요. 게다가 '움직이는 미술관'이라는 별명에 걸맞게 각 객차에는 특수 액자에 끼워진 수채화 수십 점이 전시되어 있어요.

북아메리카

기묘하게 생긴 커다란 바위, 스릴 넘치는 대형 롤러코스터, 키가 100미터나 되는 미국삼나무 숲 등 규모가 엄청난 볼거리를 원한다면 북아메리카보다 더 적합한 여행지는 없을 거예요. 지금부터 이 어마어마한 대륙으로 가서 나만의 아메리칸드림을 찾아보아요.

뉴펀들랜드섬에서 바다오리의 모습을 카메라에 담아요.

뉴욕에서 마차를 타고 센트럴 파크를 둘러보세요.

대서양

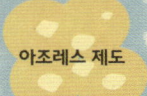

아조레스 제도

버뮤다 제도

사르가소해

바하마

아이티

도미니카 공화국
푸에르토리코

세인트키츠 네비스
앤티가 바부다
도미니카 연방
세인트루시아
바베이도스
그레나다
트리니다드 토바고

세인트빈센트 그레나딘

미국 탈키트나
개썰매를 타고 신나게 달려요

일 년 내내 눈과 얼음으로 덮여 있는 알래스카주의 디날리산으로 가 볼까요? 디날리산은 북아메리카 대륙에서 가장 높은 산으로, 높이가 6,194미터나 되지요.

거대한 빙하 지대를 돌아볼 때는 알래스카맬러뮤트가 끄는 개썰매를 타 보세요. 말코손바닥사슴과 카리부처럼 툰드라에서 사는 동물들도 만나 보세요. 해가 지면 통나무 오두막의 따뜻한 난롯가에 앉아 연어 요리를 맛있게 먹어요. 썰매를 끌어 준 개들에게도 먹이 주는 것 잊지 마세요!

낮은 언덕과 평원을 달리는 크로스컨트리 스키로 눈 덮인 디날리 국립 공원을 둘러보세요.

알래스카의 가파른 산악 지대에는 산양이 살아요.

썰매를 끄는 개에게는 가볍고 따뜻한 부츠를 신겨 동상을 예방해요.

알래스카맬러뮤트는 털가죽이 두 겹이라 추위에도 끄떡없어요. 촘촘하고 굵은 털은 물에 잘 젖지 않아요.

캐나다 생장쉬르리슐리외
열기구를 타고 하늘을 날아요

하늘에 풍선이 가득해요! 캐나다 퀘벡주 생장쉬르리슐리외에서 열리는 '몽골피에 국제 열기구 축제'는 세계에서 가장 큰 규모의 열기구 행사예요. 1984년부터 시작된 이 축제는 엄청난 수의 열기구가 경주를 벌여요.

다양한 색깔과 모양, 크기의 열기구들이 하늘을 빼곡하게 수놓은 모습을 카메라에 담아 보세요. 열기구를 직접 타 볼 수도 있어요. 특히 동이 틀 무렵이나 해가 질 때, 열기구를 타고 하늘 높이 올라가 보세요. 잊을 수 없을 만큼 아름다운 풍경이 눈앞에 펼쳐질 거예요.

열기구 조종사는 풍선 안의 공기를 가열해 풍선 밖 공기보다 가볍게 만들어요. 가벼워진 공기로 채워진 풍선은 두둥실 떠오르지요.

열기구에 달린 탑승용 바구니를 '곤돌라'라고 해요.

대관람차를 타면 열기구가 아니라도 하늘 높이 오를 수 있어요.

땅에서 즐길거리는 없냐고요? 풍선으로 만든 놀이 기구가 있답니다.

생장쉬르리슐리외에는 미국까지 연결되는 열차와 샹블리 운하가 있어요.

미국 뉴욕
도심 속 자연을 느껴요

복잡한 도심 한복판의 센트럴 파크는 뉴욕 사람들에게 오아시스 같은 쉼터가 되어 주지요. 수만 그루의 나무와 수백 종의 동식물은 마치 산속에 온 기분이 들게 해요. 이곳에는 저수지, 호수, 박물관, 동물원 등 다양한 시설이 있어서 많은 사람들이 이곳에서 휴식을 취하고, 운동을 하거나 데이트도 즐기지요.

천천히 산책을 하면서 공원을 둘러보세요. 출출해지면 핫도그나 브레첼을 사 먹어도 좋아요. 센트럴 파크의 명물인 마차를 타고 한 바퀴 돌아보는 것도 잊지 못할 경험이 될 거예요.

센트럴 파크에 있는 나무는 자그마치 2만 6,000그루가 넘어요.

센트럴 파크에 사는 너구리들은 핫도그를 무척 좋아하니까 빼앗기지 않도록 조심하세요.

배트와 공을 사용하는 경기인 영국의 크리켓은 미국으로 넘어와 야구로 발전했어요.

센트럴 파크에는 야구장 26개와 테니스 코트 30개 외에 일반 운동장도 21개나 있어요. 아이스링크도 2개나 있답니다.

미국 페이지

급류 타고 야생 동물과 만나요

거대한 협곡 그랜드 캐니언. 수백만 년 된 절벽과 다양한 색의 암석이 만들어 내는 경치에 저절로 입이 떡 벌어질 거예요. 이곳은 북아메리카 최대의 야생 동물 서식지예요. 조류 355종, 포유류 89종, 파충류와 양서류 56종 등 어마어마한 개체의 동물이 살고 있지요.

그랜드 캐니언을 가로지르며 굽이굽이 흐르는 콜로라도강에서 급류 타기를 해 보세요. 보트에 몸을 싣고 물살을 가르면, 마치 공룡 시대에 살던 작은 개미가 된 기분일 거예요. 충분히 급류를 즐겼다면, 하이킹을 하며 다양한 동물들과 만나 보세요.

수컷 말코손바닥사슴의 뿔은 해마다 저절로 떨어졌다가 새로 자라곤 해요.

그랜드 캐니언은 세계에서 가장 큰 매의 서식지예요.

그랜드 캐니언은 지금의 모습을 갖추기까지 약 300~600만 년이 걸렸어요.

검은과부거미는 암컷에게만 독이 있어요. 배 부분에 선홍색 무늬가 있는 것이 암컷이에요.

야생을 지키고 동물을 보호하려면 멀리서 관찰하는 것이 가장 좋은 방법이지요.

털귀다람쥐는 보송보송한 털로 덮인 길쭉한 귀가 특징이에요.

그랜드 캐니언에는 방울뱀이 많아요.

목이 긴 신발을 신을 때는 안에 방울뱀이 있는지 확인해야 해요.

그랜드 캐니언을 찾는 관광객은 연간 500만 명이 넘어요.

미시시피강 주변의 습지에는 다양한 야생 동물이 살아요.

미시시피강에는 북아메리카 대륙에서 가장 큰 메기가 살고 있어요.

미국 뉴올리언스

증기선 위에서 댄스파티를 즐겨요

미시시피강은 세계에서 세 번째로 긴 강이에요. 19세기, 이곳에는 증기선이 떠다녔는데, 유명한 재즈 음악가들이 갑판 위에서 작은 콘서트를 열었어요. 덕분에 배에 탄 사람들은 낭만적인 분위기에 흠뻑 빠져들 수 있었지요.

그때의 모습을 재현한 증기선에 몸을 싣고 미시시피강을 따라 시간 여행을 떠나 보세요. 재즈 음악이 흐르는 갑판에서 맛있는 저녁 식사도 하고, 신나는 댄스파티도 즐겨요. 강 주변에 살고 있는 다양한 야생 동물의 모습도 놓치지 마세요.

약 6,238킬로미터에 이르는 미시시피강은 미국 31개 주에 걸쳐 굽이굽이 흘러요.

멕시코 모렐리아

제왕나비와 함께 날아올라요

해마다 멕시코 시에라친쿠아산에서는 놀랍고 신비한 자연의 축제가 벌어져요. 주인공은 화려한 빛깔을 뽐내는 제왕나비예요. 가을이 깊어지면 약 3,500만 마리의 제왕나비가 겨울을 나기 위해 캐나다를 출발해 멕시코로 날아와요. 나비가 이동해 온 거리는 놀랍게도 약 5,000킬로미터랍니다.

이른 새벽, 말을 타고 깊은 숲속으로 가 보세요. 아침 해가 떠오르면 제왕나비 수백만 마리가 일제히 하늘로 날아오를 거예요. 황금빛과 오렌지빛이 어우러진 멋진 날개가 하늘을 가득 메우는 장면은 환상적이이에요.

제왕나비의 서식지를 지키기 위해 멕시코 시에라친쿠아 산의 숲은 보호 구역으로 지정되었어요.

모든 제왕나비가 먼 거리를 이동하는 것은 아니에요. 단 6주 안에 제왕나비 3세대가 태어났다가 죽게 되니까요. 하지만 4세대 개체는 최대 8개월까지 살기도 해요.

비교적 수명이 긴 4세대 개체는 멕시코에서 겨울을 나고, 봄이 되면 북쪽으로 퍼져 올라가요. 그곳에서 새로운 제왕나비 가족의 삶이 다시 시작되지요.

남아메리카

남아메리카의 서쪽은 태평양, 동쪽은 대서양과 만나요. 적도에서부터 추운 남극을 향해 길게 이어져 있지요. 적도를 중심으로 거대한 열대 우림부터 남극을 향해 이어지는 지역에서는 차가운 빙하까지 만날 수 있어요. 다양한 환경과 사람들 속에서 역동적인 체험을 할 수 있답니다.

사우바도르에서 브라질 전통 무술, 카포에이라를 배워요.

브라질리아에서 현대적인 건축물을 감상해요.

리우 카니발에서 빠르고 정열적인 삼바 춤을 춰요.

상파울루 축구 박물관에서 축구에 대한 열정을 키워요.

대서양

코르코바도산 정상에는 '구원의 예수상'이 있어요. 이 조각상은 높이가 30미터, 폭이 28미터나 돼요.

삼바 춤을 배우고 퍼레이드를 준비하는 공동체를 '삼바학교'라고 해요. 학교마다 퍼레이드 주제를 정하고 그에 따른 음악과 의상을 준비해요.

열정적인 춤, 삼바는 1920년 무렵 브라질 바이아주에서 처음 시작되었어요.

브라질 리우데자네이루

흥겨운 삼바 리듬에 몸을 맡겨요

세계 3대 미항 중 한 곳인 브라질 리우데자네이루에서는 해마다 2월 말에 세계 3대 축제의 하나인 '리우 카니발'이 열려요. 축제 기간 동안 매일 밤 거리에서는 화려한 의상을 차려입은 삼바학교 학생들의 공연이 펼쳐져요. 무용수들은 멋지게 꾸민 퍼레이드 차량 위에서 신나는 드럼 연주와 노래에 맞추어 열정적인 삼바 춤을 추지요.

흥겨운 삼바 리듬에 맞춰 밤새 춤을 춰 보세요. 돼지고기 꼬치구이인 슈하스코와 브라질 만두 파스텔로 든든하게 배를 채우는 것도 잊지 마세요.

아시아

아시아는 전 세계에서 가장 큰 대륙이며, 가장 많은 인구가 살고 있어요. 아시아에 속한 나라들은 서로 다른 상반된 매력을 가졌어요. 고대와 현대를 모두 느낄 수 있는 볼거리와 몸과 마음을 풍요롭게 채워 주는 체험이 가득하지요.

캄차카 반도에 걸쳐 있는 지진대, 불의 고리에서 용암 호수를 찾아보세요.

야쿠츠크의 매머드 박물관에서 빙하 시대로 시간 여행을 해 보세요.

블라디보스토크에서 케이블카를 타고 도시 풍경을 감상해요.

나가노 온천 마을에서 일본원숭이를 만나요.

북한

중국

일본

강릉 단오제에서 하늘 끝까지 그네를 뛰어 보세요.

대한민국

오가사와라 제도

동중국해

이오 열도

태평양

타이완

홍콩의 원소절 등불 축제에서 마음의 불을 밝혀요.

바콜로드에서 열리는 마스카라 축제에서 웃는 가면을 쓰고 행복에 젖어요.

캄보디아

남중국해

필리핀

파푸아 정글에서 아직 발견되지 않은 희귀한 생물을 찾아보세요.

말레이시아

브루나이

보르네오섬

오랑우탄의 서식지를 지켜 주세요.

인도네시아

자바섬 숨바섬 플로레스섬 동티모르

일본 사람들은 수천 년 전부터 온천을 즐겼어요.
온천은 일본 문화에서 중요해요.

온천물에는 칼슘, 인, 철 등 미네랄 성분이 풍부해요.
그래서 사람들은 건강을 위해 온천을 찾아요.

일본에는 3,000개가 넘는 온천이 있어요.
온천탕에 들어갈 때는 옷을 모두 벗어요.

일본원숭이는 낮 동안 온천을 즐기다가 밤이 되면 안전한 솔숲으로 돌아가요.

일본원숭이는 온천 주변에 모여 목욕도 하고 장난을 치거나 짝을 찾기도 해요.

일본원숭이는 씨앗, 꽃, 잎, 과일 등을 먹어요.

먹기 전에는 반드시 먹이를 물에 씻지요.

일본 나가노
원숭이들과 온천욕을 즐겨요

눈으로 뒤덮인 땅에서 부글부글 끓는 온천물이 솟아나고 희부연 수증기가 가득한 모습이 기이하게 보일 거예요. 그래서 이곳을 '지고쿠다니', 우리말로 '지옥 계곡'이라고 부르지요. 이 지역은 고도가 높아서 1년 중 4개월은 눈이 쌓여 있어요. 새하얀 세상을 바라보면서 하는 뜨거운 온천욕은 사람뿐 아니라 원숭이들에게도 인기가 좋지요.

따뜻한 온천물에 몸을 담그고 눈 내린 경치를 즐겨 보세요. 운이 좋으면 온천욕을 하거나 눈싸움을 하는 일본원숭이들을 볼 수도 있어요.

중국 홍콩
등불을 밝히며 소원을 빌어요

중국의 정월대보름날인 원소절은 축제의 날이에요. 특히 홍콩에서는 화려하고 성대한 행사가 벌어지지요. 거리는 온통 알록달록한 등이 내걸리는데, 이 때문에 원소절을 '등롱절'이라고 부르기도 해요. 이 외에도 축제 기간에는 화려한 불빛 쇼와 불꽃놀이, 거리 공연으로 도시가 온통 환하게 빛난답니다.

여행자들도 등불을 걸고 축제에 참여할 수 있어요. 등불에 달린 재미난 수수께끼도 풀고, 달처럼 둥근 등을 매달며 소원을 빌어 보세요. 원소절 음식인 위안샤오를 맛보는 것도 잊으면 안 돼요.

대표적인 거리 공연으로
용 춤을 빼놓을 수 없어요.
나쁜 기운을 쫓아 버리자는 뜻이 담겨 있어요.

등롱에는
재미난 수수께끼를
붙여 두기도 해요.

타이 치앙마이
야생 코끼리를 돌보아요

매일 아침, 타이 북부 도시 치앙마이의 숲에서는 사람들의 웃음소리와 첨벙대는 물소리, 코끼리의 울음소리가 한데 뒤섞여 들려와요. 바로 코끼리들을 목욕 시키는 소리지요. 코끼리는 물을 좋아해서 적어도 하루에 한 번은 목욕을 한답니다. 날씨가 더우면 두 번씩 할 때도 있어요.

치앙마이 코끼리 자연 공원은 위험에 처한 코끼리를 구조하고 보호하는 곳이에요. 이곳에 자원봉사자로 지원하면 며칠간 머무르면서 코끼리에게 먹이도 주고, 목욕을 도와줄 수도 있어요.

아시아 코끼리는 아프리카 코끼리보다 몸집도 작고 특히 귀가 훨씬 더 작아요.

사람과 코끼리는 오랜 역사를 함께했어요. 12세기에 지어진 캄보디아의 앙코르 와트에는 코끼리와 인간이 함께 있는 모습을 묘사한 장식물이 있어요.

오래전, 코끼리는 전쟁과 벌목을 할 때 운송 수단으로 이용되었어요.

코끼리는 먹고 마시는 양이 어마어마해요. 하루에 물 150리터와 먹이 150킬로그램을 해치워요.

인도 마투라
한데 어울려 무지개를 만들어요

봄은 온 세상에 새 생명이 움트는 시기예요. 하지만 인도만큼 화려한 빛깔로 봄이 시작되는 나라는 없을 거예요. 바로 홀리 축제 때문이지요. 해마다 인도 전역에서 열리는 이 행사는 '색채의 축제'라고도 알려져 있어요. 힌두교 전설에서 비롯되었지만 지금은 모두 함께 즐기는 봄맞이 행사가 되었지요.

인도 사람이 아니어도 누구나 축제에 참가할 수 있어요. 축제가 시작되면 사람들은 다양한 빛깔의 색 가루가 들어 있는 자루와 풍선을 서로에게 던지거나 몸에 문질러요. 거리에는 온통 거대한 무지갯빛 구름이 뭉게뭉게 피어오르지요. 놀이에 지쳤다면 인도식 만두인 구지야로 몸과 마음을 달래 보세요.

홀리 축제는 힌두력의 마지막 달인 '팔구나(2월에서 3월 사이)'의 보름날에 시작해요.

'홀리'는 힌두교 신화 속 악녀 '홀리카'의 이름에서 유래되었어요. 홀리카는 악행을 저지르려다가 불에 타 죽었어요. 축제 전날 밤에 열리는 홀리카의 화형식은 축제의 주요 행사예요.

사람들은 색 가루를 뿌리면서 '해피 홀리', '라데라데'라고 외쳐요.

축제 기간에는 계급과 재산, 성별과 나이를 뛰어 넘어 모든 사람이 즐겁게 어울려요.

거리에는 누구나 이용할 수 있는 자루와 풍선이 있어요.

사자춤은 행운을 가져온다고 해요.

단오제에서 빼놓을 수 없는 행사는 창포물에 머리 감기랍니다. 우리 조상들은 이렇게 하면 머릿결이 건강해지고 나쁜 귀신을 몰아낼 수 있다고 믿었어요.

대한민국 강릉

하늘 높이 그네를 뛰어요

음력 5월 5일 단옷날부터 일주일 동안 이어지는 단오제는 전통 음식을 나누어 먹고 민속놀이를 즐기며 서로 마음을 모으는 축제 자리예요. 특히 강릉의 단오제는 2005년 유네스코 세계 무형 문화 유산으로 지정되었지요.

강릉 단오제는 씨름, 탈춤, 가면극 등 즐길거리가 많아요. 가장 인기가 많은 놀이는 그네타기예요. 나무에 굵은 밧줄로 연결된 그네를 타고 누가 가장 높이 오르는지 겨루지요. 그네에 올라 구름을 만질 준비가 되었나요?

이스라엘 네베조하르
소금 호수에 누워 독서를 즐겨요

수영을 못해도 물 위에 편안히 누워 책을 볼 수 있는 곳이 있어요. 거짓말이라고요? 사해에서는 가능하답니다. 이스라엘과 요르단에 걸쳐 있는 소금 호수 '사해'는 바닷물보다 염도가 다섯 배나 높아요. 그래서 물속에 들어가면 몸이 저절로 떠오르지요.

사해에 누워 한가로이 시간을 보낸 뒤에는 진흙 목욕을 해 보세요. 호숫가 웅덩이의 진흙을 온몸에 바르고 햇볕에 말린 뒤 다시 물에 들어가 씻어 내면 끝이에요.

사해 지역은 고도가 낮기 때문에 햇볕에 화상을 입을 가능성이 적어요. 또 공기에 햇볕을 걸러 주는 성분이 많이 포함되어 있기도 해요.

이곳이 '죽음의 바다'라는 의미의 사해로 불리는 것은 물의 염도가 높아 생물이 살기 힘들기 때문이에요.

사해는 세계에서 손꼽히는 건강 여행지로, 특히 피부병 환자들이 이곳을 많이 찾아요.

사해의 물은 짠맛이 아니라 쓴맛이 나요. 다양한 광물질이 많이 포함되어 있어서예요.

사해는 헤롯과 클레오파트라 같은 역사적 인물들이 방문했던 곳으로도 유명해요.

아프리카

아프리카는 세계에서 두 번째로 넓은 대륙이에요. 동쪽은 인도양, 서쪽은 대서양, 북쪽은 지중해와 접해 있어요. 아프리카의 드넓게 펼쳐진 초원에는 그 수를 헤아리기 힘들 정도로 다양한 야생 동물이 살고 있어요. 두 눈을 크게 뜨고 천천히 둘러보면 다채로운 아프리카의 문화와 독창성을 발견하게 될 거예요.

마데이라섬
카나리아 제도
모로코
알제리
서사하라
모리타니
카라반의 낙타를 타고 사하라 사막을 건너요.
카보베르데
세네갈
감비아
기니비사우
기니
말리
부르키나파소
축구 시합에서 멋지게 골을 넣어요.
아크라에서 전통 의상을 입어 봐요.
시에라리온
코트디부아르
라이베리아
가나 — 토고

북대서양

어센션섬

세인트헬레나섬

남대서양

이집트 기자
피라미드의 비밀을 파헤쳐요

피라미드는 고대 이집트 왕과 왕족의 무덤이에요. 이집트 기자의 네크로폴리스에 가면 여러 개의 크고 작은 피라미드를 볼 수 있지요. 이 가운데 제일 거대하고 오래된 것은 쿠푸 왕의 대(大)피라미드예요. 이것은 유일하게 남아 있는 고대 7대 불가사의 중 하나이지요.

이제 수천 년 전으로 시간 여행을 떠나 볼까요? 피라미드 내부를 둘러 보는 것은 결코 잊지 못할 경험이 될 거예요. 입구가 좁아서 무릎을 꿇고 기어 들어가야 하는 것까지지요. 주변에 있는 카프라 왕과 멘카우라 왕의 피라미드도 둘러보세요. 머리는 인간, 몸통은 사자의 모습을 띤 스핑크스 석상도 놓치지 마세요.

카프라 왕의 피라미드는 지대가 높은 곳에 세워져 있어서 멀리서 보면 쿠푸 왕의 피라미드 보다 높아 보여요. 보존 상태가 가장 좋고 아름다워요.

쿠푸 왕의 대피라미드는 약 230만 개의 석회암을 쌓아서 만들었어요. 밑변은 230미터, 높이는 137미터나 되지요.

피라미드를 세우는 데에는 약 2만여 명의 노동력이 필요했어요.

낙타를 타고 이동하는 상인 무리를 '카라반'이라고 불렀어요. 카라반들은 사하라 사막에서 소금이 발견된 12세기부터 이곳을 오가며 소금을 운반했어요.

사하라 사막의 강우량은 1년에 10센티미터도 안 돼요. 그래서 동식물이 살아남기 힘들어요.

낙타의 몸은 혹독한 사막 환경에 잘 적응되어 있어요. 모래바람이 불 때는 콧구멍을 닫고 제3의 눈꺼풀을 열어 앞을 보지요.

모로코 마라케시
낙타를 타고 사막을 건너요

넓이가 940제곱킬로미터, 그러니까 미국 영토에 버금갈 만큼 엄청나게 넓은 사막이 있어요. 바로 사하라 사막이지요. 아름다운 모래 언덕이 끝없이 이어진 이곳은 전 세계 사막들 중 가장 넓어요. 모로코, 모리타니, 말리, 알제리, 리비아, 니제르, 튀니지, 차드, 이집트, 수단 등 총 10개 나라에 걸쳐 있어요.

사막을 건너가기란 쉽지 않아요. 하지만 모로코의 마라케시에서는 낙타를 타고 사막을 여행할 수 있답니다. 여행자들은 필요한 짐을 낙타 등에 싣고 사막을 가로지르는 나흘 동안의 여정에 나서요. 밤이 되면 별이 쏟아지는 사막에서 캠핑을 즐겨 보세요.

세네갈 전통 의상 '카프탄'은 앞이 트이지 않은 헐렁한 겉옷이에요.

세네갈 다카르
해변에서 축구 경기를 해요

축구는 세계적으로 인기 높은 스포츠예요. 하지만 세네갈만큼 축구를 아끼고 사랑하는 나라는 드물 거예요. 세네갈의 축구 열기가 높아진 것은 2002년 FIFA 월드컵 첫 경기에서 지난 대회 우승국이었던 프랑스를 꺾은 뒤부터였어요. 그뒤 세네갈에서는 어느 거리든 손바닥만한 잔디밭이라도 있으면 축구를 하는 사람들을 볼 수 있게 되었지요.

평화롭던 세네갈 해변은 축구 시합이 열리면 관객들의 우렁찬 함성으로 가득 차요. 경적 소리와 북소리, 요란한 부부젤라 소리에 파도 소리가 묻힐 정도이지요. 세네갈에 가려면 미리 축구 연습을 하는 게 좋을 거예요. 골 세리머니도 함께 준비하세요. 첫 골이 터지면 어마어마한 축하를 받을 테니까요.

오세아니아

오세아니아는 7대륙 가운데 가장 작은 대륙으로 남반구에 위치해요. 오스트레일리아와 뉴질랜드, 그밖에 약 2만 5,000여개의 섬이 포함되어 있어요. 이 지역은 18세기 후반 처음 유럽에 알려진 뒤, 영국, 프랑스 등의 유럽 인들이 많이 이주해 왔어요. 하지만 이곳에는 사람이 살지 않는 지역이 많아서, 세계의 다른 어떤 곳보다 자연 그대로의 환경을 체험할 수 있어요.

원주민들의 가면 축제에 참가해요.

파푸아 뉴기니

인도네시아

요크곶에서 물총새의 소리를 들어요.

그레이트 배리어 리프에서 스노클링을 즐겨요.

칼라밀리 국립 공원의 덤불숲에서 캠핑을 해요.

카카두 국립 공원에서 오스트레일리아 원주민의 전통 생활을 체험해 보세요.

오스트레일리아

휘트선데이섬에서 백사장을 거닐어요.

퍼스에서 오스트레일리아 원주민의 예술 작품을 감상해요.

울루루에서 해가 지는 모습을 감상해 보세요.

퀸즈랜드주에서 코알라를 안아 보세요.

시드니 항구에서 요트를 타요.

올버니에서 캥거루를 보살펴요.

애들레이드에서 웜뱃을 만나 보세요.

멜버른 세인트킬다 해변에서 바비큐를 즐겨요.

플린더스섬

오리너구리의 모습을 지켜보세요.

태즈메이니아섬

인도양

태즈먼해

'홍이'는 전통적인 마오리식 인사법이에요. 상대에게 "키오라!"라고 말하며 코와 이마를 서로 마주 대고 두 번 비비면 돼요.

'와이탕이 데이'는 1840년 2월 6일, 영국 정부와 마오리족 사이에 와이탕이 조약이 체결된 것을 기념하는 날이에요. 이 조약으로 뉴질랜드가 탄생했지만, 마우리족 입장에서는 좋다고만 할 수는 없었지요.

와이탕이 데이에는 구슬 허리띠 '타투아'와 밀짚으로 만든 치마 '피우피우', 깃털 머리 장식 등의 전통 의상을 차려입어요.

뉴질랜드에서는 바구니 공예, 전통 춤과 공연, 얼굴 문신 같은 마오리족의 전통 예술을 여전히 만날 수 있어요.

뉴질랜드 와이탕이

마오리족과 하카를 추어요

매년 2월 6일, 와이탕이 데이에는 전통 축제 한마당이 펼쳐져요. 이 날 뉴질랜드 원주민인 마오리족의 전통 음식과 음악, 춤을 즐길 수 있지요. 특히 전통 춤인 하카는 마오리족이 전쟁에 나가기 전에 추던 것으로 우렁찬 함성과 힘찬 동작이 인상적이에요. 이 춤은 뉴질랜드 국가 대표 럭비 팀의 경기 시작 전에도 볼 수 있답니다.

여행자들도 하카를 배울 수 있어요. 가슴을 탁탁 치고 혀를 내밀면서 몸을 흔들면 반은 배운 것이랍니다. "링가 파카이! 우마 티라하! 투리 와티아!" 하카를 추면서 힘차게 외쳐 보세요.

미국 마우이섬
넘실대는 파도에 몸을 맡겨요

122개 섬으로 이루어진 하와이 제도는 1959년에 미국의 50번째 주가 되었어요. 그 가운데 마우이섬은 크기도 크고 인구도 많지요. 이곳은 남녀노소 모두가 즐길 수 있는 수상 스포츠의 천국이에요.

아슬아슬 바다를 가르는 파도타기, 서핑에 도전해 보세요. 마우이섬의 해변에서는 꼬마 여행자들도 금세 서핑을 배울 수 있어요. 서프보드에서 조심스레 일어서서 몸의 균형을 잡아 보세요. 혹시 바다에 빠지더라도 걱정 말아요. 파도는 늘 치니까 다시 도전할 수 있잖아요. 서핑이 끝난 뒤에는 끝없이 펼쳐진 금빛 모래밭에 누워 파인애플 주스로 갈증을 달래 보세요.

마우이섬 주변 바닷물은 수온이 높은 편이에요. 그래서 혹등고래들은 이곳에서 새끼를 낳아 기르곤 해요.

바다거북은 해안가의 산호초와 바위에서 자라는 조류를 먹고 살아요.

서핑은 두 가지로 나뉘어요. 길쭉한 보드로 타는 '롱 보딩'과 비교적 짧은 보드를 사용하는 '쇼트 보딩'이지요.

바다거북은 마우이섬에서 흔히 볼 수 있어요.

남극 대륙

지구의 가장 아래쪽 남극 대륙은 7대륙 가운데 다섯 번째로 커요. 남극은 어느 나라의 영토도 아니며, 과학 탐구 활동만 허용되고 있어요.
거의 전체가 얼음으로 뒤덮여 있고, 다른 어느 대륙보다 더 춥고 건조하며 바람도 많이 불어요. 그래서 식물이 거의 자라지 못하고 펭귄, 고래, 바다표범, 갈매기 등의 몇몇 동물들만 살고 있지요. 이곳을 여행할 일이 생긴다면 극한의 환경에 철저히 대비해야 해요.

밍크고래를 찾아보세요.

아메리 빙붕

항유고래를 찾아보세요.

인도양

아델리 해안에서 아델리펭귄을 만나요.

남극 대륙 스노힐섬
황제펭귄과 인사를 나눠요

남극 대륙은 모든 여행자들이 마지막으로 꿈꾸는 여행지예요. 하지만 갈 수 있는 방법도 많지 않고, 가더라도 연구 목적이 아니면 정해진 코스로만 다녀야 해요. 게다가 비교적 날씨가 덜 춥고, 모든 동물들이 활동하는 남극의 여름에 가야 하지요. 물론 이곳은 여름에도 온통 눈과 얼음뿐이랍니다.

배를 타고 거대한 빙산과 고드름 터널을 지나 마침내 스노힐섬에 도착하면, 황제펭귄 무리가 만들어 내는 놀라운 풍경을 볼 수 있어요. 적당한 거리를 유지하며 그들에게 인사를 건네 보세요.

웨들해는 전 세계 바다 중 가장 깨끗한 곳으로, 수백 종의 물고기와 해양 동물의 서식지예요.

남극슴새는 먹이를 잡기 위해 공중에서 얼음물 속으로 곧장 뛰어들어요.

암컷 펭귄은 알을 낳자마자 먹이를 찾으러 떠나고, 그동안 수컷이 대신 알을 품어요.

연미복처럼 보이는 황제펭귄의 털가죽은 적을 속이기 위한 위장술이랍니다.

황제펭귄 부부는 새끼를 에워싸서 차디찬 바람으로부터 보호해요.

찾아보세요!

 망원경을 보는 돌산양 — 미국 탈키트나
 목걸이를 한 낙타 — 이집트 기자
춤을 추는 용 — 중국 홍콩
 구지라를 먹는 사람 — 인도 마투라
 케이크를 먹는 눈사람 — 독일 프라이부르크

 목욕하는 아기 코끼리 — 태국 치앙마이
 메롱 가면을 쓴 어린이 — 대한민국 강릉
 하카를 추는 마우리족 소년 — 뉴질랜드 와이탕이
 선글라스를 낀 암사자 — 보츠와나 마운
 호기심 많은 펭귄 — 남극 대륙 스노힐섬

 인사하는 돌고래 — 오스트레일리아 케언즈
 우산 배를 탄 사람 — 이스라엘 네베조하르
 염소 골키퍼 — 세네갈 다카르
 이층 버스 — 영국 런던
 박주가리 유즙을 먹는 나비 — 멕시코 모렐리아

 목걸이를 한 도마뱀 — 미국 페이지
 윈드서핑을 하는 사람들 — 미국 마우이섬
 춤추는 말 — 에스파냐 헤레스데라프론테라
 털을 고르는 일본원숭이 — 일본 나가노
 구원의 예수상 — 브라질 리우데자네이루

 춤추는 왜가리 — 미국 뉴올리언스
 라소를 던지는 아르마딜로 — 아르헨티나 엘칼라파테
 저글링하는 사람 — 브라질 리우데자네이루
 스키 타는 다람쥐 — 핀란드 사리셀카
 떨어진 물안경 — 오스트레일리아 케언즈

 푸들을 끌고 가는 여자 — 프랑스 파리
 부부젤라를 부는 펠리컨 — 세네갈 다카르
 모자를 훔치는 거미원숭이 — 페루 탐보파타
 핫도그를 먹는 너구리 — 미국 뉴욕
 장화 속으로 몰래 들어가는 방울뱀 — 미국 페이지

장난치는 낙타	아이스크림을 떨어뜨린 아이	입을 벌린 대왕조개	눈싸움을 하는 붉은사슴	포크와 나이프를 든 퓨마
모로코 마라케시	이탈리아 베네치아	오스트레일리아 케언즈	독일 프라이부르크	미국 페이지

하기스를 던지는 사람	배고픈 다람쥐	튜브를 목에 건 코요테	장신구를 파는 상인	흥이를 하는 사람들
영국 더눈	러시아 모스크바	미국 페이지	이집트 기자	뉴질랜드 와이탕이

산토끼를 뒤쫓는 스라소니	색 가루를 뿌리는 사람들	순록 떼	재미있는 모양의 열기구	탐험 복장을 한 펠리컨
미국 탈키트나	인도 마투라	핀란드 사리셀카	캐나다 생장쉬르리슐리외	보츠와나 마운

블랙캡	하기스를 먹는 스코틀랜드테리어	등불을 거는 사람들	진흙 마사지를 하는 여자	북치는 소년들
영국 런던	영국 더눈	중국 홍콩	이스라엘 네베조하르	브라질 리우데자네이루

저글링하는 가우초	펭귄 곡예단	배고픈 낙타	타파스를 먹는 여자	기타치는 예술가
아르헨티나 엘칼라파테	남극 대륙 스노힐섬	모로코 마라케시	에스파냐 헤레스데라프론테라	프랑스 파리

나비에게 모자를 빼앗긴 남자	자전거를 탄 세쌍둥이	모자를 쓴 비둘기	보트를 타는 사람들	북치는 남자
멕시코 모렐리아	대한민국 강릉	이탈리아 베네치아	미국 뉴욕	미국 뉴올리언스